ANALIZA KSIĄŻKI

AF137812

Germinal

• • • • • • • • • • • • • • •

ÉMILE ZOLA

ANALIZA KSIĄŻKI

Napisany przez Hadrien Seret
Przetłumaczony przez Kâmil Kowalski

Germinal

Émile Zola

ÉMILE ZOLA

FRANCUSKI PISARZ I DZIENNIKARZ

- **Urodził się w Paryżu w 1840 roku.**

- **Zmarł w Paryżu w 1902 r.**

- **Godne uwagi prace:**

  - *Nana* (1880), powieść

  - *Raj dla pań* (1883), powieść

  - *Germinal* (1885), powieść

Émile Zola urodził się w 1840 roku i jest jednym z najbardziej znanych powieściopisarzy XIX-wiecznej Francji. Zmarł w 1902 roku i jest znany jako czołowa postać naturalizmu, ruchu literackiego, którego celem było uwzględnienie najnowszych odkryć naukowych epoki. W swoich powieściach Zola wprowadza hipotezę powstałą w wyniku obserwacji, a następnie sprawdza ją poprzez eksperyment. Przykładem tej estetyki jest cykl powieści *Rougon-Macquart.* Ta seria 20 książek była najbardziej znaczącym dziełem literackim Zoli i odniosła ogromny sukces mimo wielu krytyków.

Zola słynie również z postaw politycznych, które często prowadziły do represji wobec niego. Najbardziej znanym z tych incydentów było potępienie przez niego sprawy Dreyfusa, kiedy to Zola napisał publiczny list zatytułowany *J'accuse…!* ("Oskarżam", 1898), który w znacznym stopniu przyczynił się do rozwiązania sprawy i oczyszczenia kapitana Dreyfusa z zarzutów.

GERMINAL

POWSTANIE SOCJALIZMU W OKRESIE ROZKWITU KAPITALIZMU

- **Gatunek:** powieść

- **Wydanie referencyjne:** Zola, É. (1998) *Germinal*. Trans. Collier, P. Oxford: Oxford University Press.

- Pierwsze **wydanie:** 1885

- **Tematyka:** górnictwo, praca, miłość, przemoc, przyjaźń, nadzieja, śmierć, socjalizm, warunki pracy

Germinal to trzynasty tom cyklu *Rougon-Macquart*. W tej wydanej w 1885 roku powieści Zola opisuje zmagania grupy górników sfrustrowanych nędzną jakością życia, rozgrywające się na tle rodzącego się socjalizmu. Aby stworzyć jak najdokładniejszy portret górniczej społeczności, pisarz odbył długą podróż do Anzin (północna Francja), gdzie na kilka miesięcy zanurzył się w górniczej społeczności.

Fakt, że podczas pogrzebu Zoli można było usłyszeć okrzyki "Germinal!", wykrzykiwane przez grupę górników, wiele mówi o znaczeniu i wpływie tej powieści, zarówno w wymiarze społecznym, jak i ściśle literackim.

STRESZCZENIE

CZĘŚĆ PIERWSZA

Étienne Lantier, świeżo upieczony mechanik, wędruje po północnej Francji w poszukiwaniu pracy. W końcu zostaje zatrudniony jako deptak (pracownik transportujący węgiel poprzez pchanie małych wagoników) w Przedsiębiorstwie Górniczym Montsou, w zespole kierowanym przez Maheu, który jest patriarchą rodziny górniczej. W skład zespołu wchodzi również Chaval, syn Maheu – Zacharie, sąsiad Levaque i jego córka Catherine. Lantier w końcu zakochuje się w Catherine, która również jest tramwajarką i pomaga mu zadomowić się w górniczej społeczności. Étienne szybko odkrywa, że świat górników to nędzne warunki pracy i wyczerpująca praca, za którą jedyną nagrodą jest skromna pensja, często jeszcze mniejsza z powodu kar nakładanych przez sztygarów. Zmęczony pierwszym dniem, Étienne znajduje nocleg u byłego górnika o nazwisku Rasseneur, który obecnie jest właścicielem kawiarni.

CZĘŚĆ DRUGA

Właścicielami kopalni Montsou są Grégoires, mieszczańska rodzina składająca się z małżeństwa i ich rozpieszczonej córki, Cécile. Pomimo kryzysu w przemyśle, zyski Grégoire'ów utrzymują się na stałym poziomie. W porze lunchu odwiedza ich kuzyn Deneulin, który jest właścicielem innej kopalni.

W międzyczasie La Maheude, żona Maheu, pogodziła się z koniecznością pójścia do nich i błagania o pieniądze, bo nie starcza jej już do końca miesiąca. Zostaje odrzucona, ale i tak udaje jej się zdobyć trochę jedzenia, idąc do Maigrata, otyłego, lubieżnego sklepikarza, który fantazjuje o spaniu z Katarzyną. Po plotkach z sąsiadami La Maheude wraca do domu, by przygotować obiad i zaczerpnąć wody do kąpieli członków rodziny. Po powrocie jedzą, myją się i znów wychodzą na noc.

W tym samym czasie Étienne przemierza pola pszenicy, które często są miejscem nielegalnych spotkań seksualnych. Patrzy bezradnie, jak Catherine zostaje zgwałcona przez Chaval'a i w przypływie zazdrości poprzysięga zemstę.

CZĘŚĆ TRZECIA

Z czasem Étienne przystosowuje się do pracy górnika tak dobrze, że zostaje uznany za najlepszego pracownika w kopalni, a nawet udaje mu się pogodzić z Catherine, choć ma za złe jej związek z Chaval.

Poznaje swojego sąsiada, kolejnego lokatora u Rasseneura: rosyjskiego mechanika o nazwisku Souvarine, który jest anarchistą i zwolennikiem totalnego zniszczenia. Étienne długo rozmawia z nim o socjalistycznych programach, które chce stworzyć, by pomóc robotnikom.

Po festiwalu górników, znanym jako Ducasse, Zacharie żeni się i opuszcza Maheusów, a La Maheude przyjmuje Étienne'a jako lokatora, by uzupełnić braki w dochodach. W międzyczasie socjalistyczne ideały Étienne'a zyskują coraz większą popularność, co prowadzi do utworzenia funduszu awaryjnego i stowarzyszenia.

Później Maheu i Lantier idą odebrać swoje wynagrodzenie, które okazuje się szokująco niskie, ponieważ nałożono na nich wiele kar. Plany strajku zaczynają nabierać kształtów, podsycane przez nowe środki oszczędnościowe wprowadzone przez Kompanię. Niedługo potem w kopalni zawala się część tunelu i jeden z synów Maheu, Jeanlin, zostaje poważnie ranny. Catherine ogłasza, że ona i Chaval zamierzają się wyprowadzić i pójść do pracy w innej kopalni.

CZĘŚĆ CZWARTA

Strajk rozpoczyna się dwa tygodnie później. Delegacja składająca się z Étienne'a, Maheu i Levaque'a zostaje wysłana do Hennebeau, dyrektora firmy, podczas gdy ten jest w trakcie kolacji. Na próżno próbują wynegocjować powrót do dawnych warunków pracy. Strajk stopniowo rozszerza się na inne kopalnie, a fundusz awaryjny przestaje wystarczać.

Étienne zaprasza do siebie Plucharta, przedstawiciela francuskiego oddziału Międzynarodówki, aby przekonać górników do *masowego* strajku. Spotkanie zostaje jednak przerwane po przybyciu policji. Po kolejnej nieudanej próbie negocjacji z Hennebeau, ludzie tracą wiarę w strajk. Niemniej jednak Étienne'owi udaje się go zmobilizować dzięki tajnemu spotkaniu w lesie, gdzie planują rozprzestrzenić strajk na kopalnię Jean-Bart następnego dnia.

CZĘŚĆ PIĄTA

Chaval, który pracuje w Jean-Bart, zachęca swoich kolegów do strajku. Jednak spotkanie z szefem, Deneulinem, przekonuje go do powrotu do kopalni. Podczas gdy robotnicy są w kopalni, grupa zwolenników Étienne'a przybywa i odcina kable windy, a górnicy, którzy są zmuszeni do korzystania z drabin awaryjnych do ucieczki, nie mają innego wyjścia, jak tylko przyłączyć się do ruchu.

Mimo oporu stawianego przez Deneulina, szyb Jean-Bart zostaje zniszczony. Pijany Étienne traci kontrolę nad swoimi żołnierzami, którzy rozchodzą się, by zniszczyć wszystkie okoliczne kopalnie. Po drodze przejmują powóz, w którym podróżuje Cécile. Deneulin udaje się ją uratować w porę, ale Maigrat ginie, gdy jego sklep zostaje splądrowany. Tłum zostaje ostatecznie rozproszony przez przybyłą policję.

CZĘŚĆ SZÓSTA

Jeanlin ukrywa Étienne'a w nieczynnej kopalni, by uchronić go przed aresztowaniem przez policję. Zaczyna padać śnieg, co stawia strajkujących górników w jeszcze gorszej sytuacji. Alzire, jedna z córek Maheu, umiera z głodu. Étienne, który wyjechał w tajemnicy, spotyka się z Chaval'em w domu Rasseneura. Między nimi wybucha walka, z której zwycięsko wychodzi Étienne.

Aby zapobiec rozpoczęciu pracy przez zatrudnionych właśnie obcokrajowców, strajkujący stawiają czoła policjantom, którzy pilnują szybu kopalni. W końcu policja otwiera ogień do górników, zabijając Maheu i kilku innych.

CZĘŚĆ SIÓDMA

Po tej katastrofie wszyscy górnicy zwracają się przeciwko Étienne'owi. Zdając sobie sprawę, że strajk zakończył się całkowitym niepowodzeniem, on i jego towarzysze wracają do pracy. Souvarine sabotuje jeden z tuneli, który następnie zawala się, więżąc Étienne'a, Catherine i Chaval.

Na zewnątrz kopalni trwa zdezorganizowana próba ratunku, a sytuacja staje się jeszcze bardziej krytyczna, gdy Zacharie wywołuje wybuch metanu. W kopalni Lantier i Chaval znów się ścierają i tym razem Chaval zostaje zabity. Nie mając już nic, co mogłoby ją powstrzymać, Catherine odwzajemnia uczucia Étienne'a.

Niedługo potem Étienne zostaje uratowany. Wyjeżdża z kopalni do Paryża, ale dopiero wtedy, gdy ci spośród jego kolegów, którzy zdają sobie sprawę z tego, jak wiele dla nich zrobił, zgłaszają się, by uścisnąć mu dłoń.

STUDIUM POSTACI

Biorąc pod uwagę, że powieść skupia się na konflikcie robotników z burżuazją, analiza głównych bohaterów pod tym kątem wydaje się jedynie słuszna.

PRACOWNICY

Wszystkie mają jedną wspólną cechę: każda z nich przechodzi radykalną zmianę postawy.

Étienne Lantier

Étienne Lantier jest głównym bohaterem powieści. Jest przyjacielem Maheu, zalotnikiem Katarzyny i zaprzysięgłym wrogiem Chaval'a.

Na początku powieści Étienne Lantier przedstawiony jest jako melancholijny młody człowiek, którego perspektywy na przyszłość wyglądają ponuro po tym, jak został zwolniony z pracy za agresywne zachowanie po pijanemu. Choć ma niewielkie oczekiwania co do własnej przyszłości, chce zacząć od nowa, więc gdy otrzymuje propozycję pracy jako tramwajarz, przyjmuje ją.

Choć nigdy nie myślał o klasach robotniczych, stały kontakt z nimi prowadzi do znacznej zmiany poglądów Étienne'a. Stopniowo staje się on przywódcą sprawy, która jest mu bliska: pomocy górnikom w zapewnieniu lepszych warunków pracy. Jednak jego obsesja na punkcie tego celu prowadzi go do arogancji i egoizmu, co ostatecznie uniemożliwia zwycięstwo górników, których klęskę przypieczętowuje strzelanina. Po tym jak nie udaje mu się zrealizować swojej wizji, okazuje się tchórzem poprzez niechęć do przyjęcia odpowiedzialności za swoje czyny. Po zawaleniu się tunelu spowodowanym przez Souvarine'a zostaje z niczym, dlatego decyduje się na powrót do Paryża.

Maheu

Sumienny i lubiany przez wszystkich pracownik, Maheu jest głową dużej rodziny, którą stara się utrzymać dzięki swojej ciężkiej pracy. Pomimo trudności w pracy jest uważany za uczciwego i spokojnego człowieka, dopóki rozmowy Étienne'a o rozpoczęciu strajku nie spowodują znaczącej zmiany w jego nastawieniu. Staje się prawą ręką Étienne'a, co sprawia, że zaczyna działać gwałtownie, nie wahając się przed żadnym poświęceniem, by doprowadzić strajk do końca.

Kiedy zostaje zwolniony z powodu nieudanego strajku, jego osobowość zmienia się drastycznie: choć na początku był porządnym człowiekiem, staje się coraz bardziej dziki, co prowadzi do jego śmierci podczas konfrontacji z policją. Zostaje zastrzelony wraz z kilkoma innymi robotnikami.

Catherine Maheu

Catherine jest córką Maheu i jest łagodną, inteligentną młodą kobietą – w rzeczywistości jest jedynym piśmiennym członkiem swojej rodziny. Jest niezwykle dojrzała jak na swój wiek. Jest potajemnie zakochana w Étienne'ie, ale jej życie wywraca się do góry nogami w dniu, w którym Chaval gwałci ją i uznaje za swoją kochankę. Mimo że nadal kocha Lantiera, od tego momentu jest całkowicie zdominowana przez Chavala i dopiero wtedy, gdy ten zostaje zabity przez Étienne'a, staje się naprawdę sobą. Dopiero wtedy jest w stanie odbyć namiętne spotkanie z ukochanym, który umiera, zanim można go uratować.

Chaval

Choć początkowo przedstawiany jest jako lojalny, porządny człowiek, Chaval jest z natury gwałtowny i agresywny. Rozwija palącą nienawiść do Étienne'a, ponieważ uważa go za rywala o miłość Katarzyny. Z powodu wściekłości, którą gasi dopiero jego śmierć, doprowadza się do najgorszych rodzajów deprawacji: jest brutalny (kilkakrotnie atakuje Étienne'a, próbując go zabić, i często bije Katarzynę z zazdrości), skorumpowany (przerywa strajk w Jean-Bart w zamian za awans), a nawet zdradziecki (ostrzega policję, licząc na aresztowanie Étienne'a, chętnie też pracuje obok zagranicznych robotników w kopalni).

Chaval ginie w kopalni: po zawaleniu się tunelu i wybuchu metanu zostaje uwięziony z Catherine i Lantierem. Walczy z Étienne'em, a Chaval wkrótce potem poddaje się swoim ranom.

MIESZCZAŃSTWO

Zola dzieli burżuazję na trzy kategorie.

Zamożna burżuazja: Grégoires

Grégoires, którzy są właścicielami Spółki, należą do zamożnej burżuazji i nie przejmują się niczym, co nie dotyczy ich bezpośrednio. Dopóki kopalnia przynosi im zyski, nie przejmują się tym, co się tam dzieje i po prostu cieszą się swoim bogactwem. Boją się robotników, których uważają za paskudną, gorszą rasę.

Drobnomieszczaństwo: Hennebeausowie

Hennebeausowie pracują u Grégoiresów jako nadzorcy kopalni. Wysokie zarobki pozwalają im dzielić styl życia drobnomieszczaństwa i poruszać się w tych samych kręgach. Choć są bliżej klasy robotniczej niż Grégoires, wciąż zachowują wobec niej dystans.

Walczący mieszczanin: Deneulin

Deneulin jest kuzynem Grégoire'ów i reprezentuje tych przedstawicieli burżuazji, którzy znaleźli się w trudnej sytuacji, ponieważ kiedyś był zamożny, ale teraz jego firma chwieje się na krawędzi ruiny. Nieustannie walczy o utrzymanie swojej firmy pomimo kryzysu przemysłowego i ma najbliższy kontakt z robotnikami: nie waha się zrobić wszystkiego, co konieczne, aby chronić swój biznes i swoich pracowników.

ANALIZA

POWIEŚĆ NATURALISTYCZNA

Émile Zola był czołową postacią naturalizmu, ruchu literackiego, który pojawił się pod koniec XIX wieku jako rozwinięcie realizmu. Od realizmu różni się tym, że pisarz przed przystąpieniem do pisania przeprowadzał badania metodą niemal naukową (odwiedzał scenerię itp.), a same dzieła były poparte dokładną, obszerną dokumentacją. W ten sposób nauka stała się narzędziem dla literatury, która z kolei stała się sceną dla badań nad sposobem funkcjonowania społeczeństwa, aż do jego najbardziej intymnych, brudnych szczegółów. W swoim ambitnym cyklu literackim *Rougon-Macquart*, Zola uczynił swoją misją wyjaśnienie, w jaki sposób dziedziczność i środowisko polityczne, społeczne i ekonomiczne człowieka może wpływać na wiele pokoleń jednostek. Zola szybko stał się częścią kręgu innych pisarzy, którzy podzielali jego przekonania (Maupassant, Huysmans, Vallès, itd.) i którzy spotykali się w jego domu w Médan. Grupa zaczęła rozkwitać około 1860 roku, ale przetrwała ledwie 30 lat: w 1893 roku Zola zakończył swój cykl *Rougon-Macquart* publikacją ostatniego tomu, a niektórzy członkowie grupy zmarli mniej więcej w tym samym czasie.

Cechy definiujące naturalizm były następujące:

- **Udokumentowane badania.** Przed napisaniem powieści przyrodnicy prowadzili długie badania nad wybraną przez siebie scenerią, zbierając jak najwięcej informacji o środowisku, w którym przyszło żyć i rozwijać się ich bohaterom. Aby napisać *Germinal,* Zola odwiedzał kopalnie, poznając warunki życia robotników i odpowiednią terminologię techniczną, interesował się też strajkami, które właśnie wybuchły w zagłębiu węglowym w Anzinie. Dzięki temu był w stanie przedstawić (fikcyjną) kopalnię Montsou i jej pracowników z uderzającą dokładnością. Zola miał nadzieję, że te żywe szczegóły sprawią, że *Germinal stanie się* kanałem, przez który będzie można zwrócić większą uwagę opinii publicznej na sytuację, która w tamtych czasach była często pomijana lub zupełnie nie znana.

- **Znaczenie determinizmu.** Bohaterowie, ich osobowości i działania zależą od przodków i od środowiska, w którym żyją. Bohaterowie Zoli dziedziczą po swoich rodzicach cechy moralne i behawioralne, które służą jako wyjaśnienie ich działań, a w wielu przypadkach także ich degeneracji. Étienne jest synem Gervaise Macquart, bohaterki powieści *L'Assommoir* (1876), i jej kochanka Auguste'a Lantiera, i te dwa związki krwi silnie wpływają na jego osobowość: dziedziczy alkoholizm, który przewija się w linii Macquartów, i jest skłonny do przemocy, jak jego ojciec, gdy był pod jego wpływem.

- **Znaczenie opisów.** Ponieważ opisy są niezbędne, aby uwypuklić bohaterów i ich środowisko, są one niezwykle szczegółowe, dzięki czemu czytelnik może w pełni docenić wszystkie aspekty rzeczywistości, które autor chce przekazać. W *"Germinalu"* opisy te koncentrują się na trudach życia i pracy w kopalniach, a ich nadrzędnym celem jest jak najpełniejszy obraz środowiska społeczno-kulturowego, które kształtuje bohaterów. W tym celu Zola wspomina również o historii kopalni węgla w północnej Francji, np.

- **Użycie terminologii technicznej.** W takim otoczeniu jak kopalnie Montsou trudno byłoby autorowi uniknąć użycia całego technicznego słownictwa związanego z przemysłem górniczym, czy też języka używanego przez robotników. Dlatego też podczas pobytu w Anzin zebrał wszystkie informacje, które były mu potrzebne do napisania powieści.

- **Ogniskowanie zewnętrzne i swobodna mowa pośrednia.** Te dwie techniki oddalają narratora od bohaterów. Ogniskowanie zewnętrzne sprawia wrażenie, że narrator jest całkowicie obojętny na wydarzenia opowiadania, co zapewnia obiektywizm. Natomiast swobodna mowa pośrednia sprawia wrażenie, że bohaterowie sami zastanawiają się i wyciągają wnioski na temat swoich okoliczności i tego, co się z nimi dzieje, przez co wydaje się, że to oni są prawdziwym głosem powieści. *Germinal* otwiera się opisem Étienne'a idącego przez wieś w kierunku Montsou i wykorzystuje zewnętrzny punkt widzenia, więc bohaterowie również wyrażają się zewnętrznie.

Naturalizm nie jest pozbawiony krytyków, a Zola, jako czołowa postać tego ruchu, nie był wyjątkiem. Krytykowano go przede wszystkim za mroczny ton, jaki stosował, wulgarność i brak głębi psychologicznej jego postaci. Nie uwzględnia to jednak faktu, że autor zajmował się przede wszystkim reakcjami fizjologicznymi oraz podwójnym wpływem dziedziczności i środowiska, w którym żyją jego bohaterowie. Jego bohaterowie są tak silnie naznaczeni niepożądanymi cechami osobowości i nieszczęściem, że ich upadek jest często nieunikniony. Są jedynie pretekstem do eksperymentowania z rzeczywistością, a ich podstawową funkcją jest praktyczna ilustracja teorii fizjologicznych, które Zola stosował. Mimo to jego krytycy często uważają, że twórczość Zoli jest nadmiernie niemoralna i zaludniona postaciami pozbawionymi prawdziwej głębi.

LES ROUGON-MACQUART

Jak deklaruje w przedmowie do *Fortuny Rougonów*, pierwszego tomu cyklu *Rougon-Macquart*, celem Zoli było wykorzystanie każdej powieści jako środka do zbadania jednego ze środowisk społecznych swojej epoki. W przypadku *Germinalu* skupia się na robotnikach, a konkretnie na społeczności górniczej, która toczyła walkę z burżuazją.

Dąży też do wykazania, że bohaterów określają dwa czynniki:

- **Dziedziczność**. W twórczości Zoli bohater zawsze dziedziczy po rodzicach jakąś przywarę, wadę, która uzasadnia, dlaczego w określonych sytuacjach zachowuje się w określony sposób. Na przykład Étienne Lantier dziedziczy alkoholizm matki i brutalną passę ojca. Należy zauważyć, że w rzadkich przypadkach, kiedy nie udaje mu się utrzymać w ryzach swoich gwałtownych zapędów, jest on zazwyczaj pijany: pił, kiedy uderzył swojego szefa, co doprowadziło do jego zwolnienia; większość jego starć z Chaval'em ma miejsce pod wpływem alkoholu; jest pijany, kiedy prowadzi swoich zwolenników, aby zniszczyć inne doły, itp.

- **Środowisko**. Na rozwój każdej postaci wpływa również jej środowisko. Étienne, zanim wstąpił do Kompanii, spotykał się z górnikami, ale nigdy nie był nimi zainteresowany. Jednak po poznaniu ich, jego opinia zmienia się diametralnie i czerpiąc z ideologii socjalistycznej, staje się zagorzałym obrońcą ich praw. Od pierwszego dnia pracy w Montsou obserwuje pogodzenie się górników z sytuacją, w której się znaleźli, a jednocześnie odkrywa wachlarz możliwości, jakie daje socjalizm dzięki dawnemu przełożonemu, który wysyła mu korespondencję o charakterze politycznym i finansowym. W ten sposób zaczyna pozyskiwać innych górników do swojej sprawy.

POWIEŚĆ SWOJEJ EPOKI

Życie górnicze w połowie XIX w.

W połowie XIX wieku górnicy żyli w przerażających warunkach. Z powodu supremacji burżuazji nie mieli żadnych praw, nie mieli możliwości odwołania się do prawa i często musieli pracować w katorżniczym tempie, utrzymując się ze skromnych pensji, które często były jeszcze bardziej obcinane przez ich pracodawców.

Ponadto klasa robotnicza miała bardzo mało perspektyw. Przy zatrudnieniu pracownicy musieli dać pracodawcy swoją "książeczkę pracy", która składała się z ich życiorysu i opisu fizycznego. Bez tej książeczki nie mogli zmienić pracy.

Wreszcie, warunki życia były bardzo niestabilne dla klas pracujących:

• rodziny często mieszkały tłocząc w jednym pokoju;

• regularny brak pożywienia i higieny prowadził często do chorób i śmierci;

• długie godziny pracy uniemożliwiały zapewnienie dzieciom edukacji, co oznaczało, że zarówno rodzice, jak i dzieci byli często analfabetami;

- ich trudne warunki pracy często prowadziły do alkoholizmu, który szybko uszczuplał i tak już skromne budżety wielu pracowników.

Powstanie socjalizmu i Międzynarodówki

Wielu myślicieli próbowało znaleźć rozwiązanie dla nędznej sytuacji klas pracujących, a z ich teorii narodził się socjalizm. Szczególnie jedna z tych teorii wyróżniała się z tłumu: *Manifest Komunistyczny* (1848) Karola Marksa (teoretyk socjalizmu, 1818-1883).

 ### MANIFEST KOMUNISTYCZNY

Ten manifest polityczny został napisany przez Karola Marksa i Fryderyka Engelsa (teoretyka socjalizmu, 1820-1895) na zlecenie Ligi Sprawiedliwych, grupy niemieckich socjalistów żyjących na emigracji we Francji. Jej celem była analiza współczesnego społeczeństwa i sposobów wcielenia w nie kapitalizmu, dochodząc do wniosku, że proletariat musi zwalczać kapitalizm poprzez walkę klas. Celem jest stworzenie społeczeństwa komunistycznego, w którym burżuazja nie byłaby w stanie przetrwać.

Tekst został opublikowany w lutym 1848 r. w formie manifestu politycznego, mimo że nie istniała wówczas żadna równorzędna partia polityczna (Liga Sprawiedliwych stała się w trakcie pisania *Manifestu* Ligą Komunistyczną).

Jest on podzielony na cztery części:

Konflikt między burżuazją a proletariatem. Historia to nic innego jak seria walk klasowych, a klasy społeczne istnieją do dziś. Burżuazja kontroluje globalny rynek i ogranicza dostęp do zasobów dla nielicznych uprzywilejowanych. Proletariat musi więc powstać przeciwko temu systemowi, aby móc domagać się równego udziału w tych zasobach.

Komunizm. Marks podaje definicję komunizmu i wykorzystuje ją do wykazania zasadności stanowiska ruchu w różnych ważnych kwestiach, takich jak wolność, własność prywatna, praca dzieci, edukacja itp.

Socjalizm. W tej części przedstawiono przegląd różnych współczesnych doktryn socjalistycznych i wskazano na ich wady.

Pozycja komunistów w stosunku do innych partii. Ostatni rozdział przywraca uwagę na stanowiska komunistów i bada najbliższe perspektywy ruchu.

Dziś *Manifest Komunistyczny* jest znany na całym świecie i przyczynił się do rozwoju socjalizmu i komunizmu na świecie od XIX wieku. W 2013 roku został dodany do rejestru "Pamięć Świata" UNESCO.

Manifest Komunistyczny miał nadzieję uświadomić klasie robotniczej posiadaną przez nią władzę i zjednoczyć ją w celu obalenia panującego społeczeństwa kapitalistycznego i zastąpienia go korzystniejszym dla nich społeczeństwem, w którym wszystko byłoby dzielone po równo.

Aby zjednoczyć robotników zrzeszonych w jego sprawie, Marks założył Międzynarodowe Stowarzyszenie Ludzi Pracy, znane również jako Międzynarodówka, do którego nawiązuje w "*Germinalu*".

Uczciwe przedstawienie obu stron

Autor wykorzystuje liczną rodzinę Maheu, aby podkreślić niektóre z głównych problemów, z jakimi borykają się górnicy:

- Do zilustrowania sposobu wykorzystywania robotników służy sama postać Maheu, który mimo wszelkich starań nie jest w stanie zarobić wystarczająco dużo pieniędzy, aby wyżywić swoją rodzinę.

- La Maheude symbolizuje życie poza kopalnią i codzienne trudności życia w ubóstwie (niekończące się targowanie ze sprzedawcą, niemożność spłacenia długów, ciągły strach o to, co przyniesie kolejny dzień itp.)

- Zacherie i Catherine ilustrują problemy wynikające z małżeństw między górnikami i niszczące konsekwencje, jakie te małżeństwa mają dla finansów rodziny.

- Alvire, Lénore i Henri pozwalają pisarce zwrócić uwagę na niestabilne warunki, w jakich dorastają małe dzieci. Rzadko są kochane i rozpieszczane przez swoich rodziców, którzy widzą w nich jedynie dodatkowe gęby do wykarmienia i z niepokojem oczekują dnia, w którym będą wystarczająco dorosłe, by zacząć pracować i zapewnić domowi większe dochody.

- Wreszcie, napady i kradzieże, których Jeanlin dokonuje po zakończeniu pracy, dają Zoli szansę na podkreślenie szkodliwych skutków braku wykształcenia, które było postrzegane jako stosunkowo mało ważne, gdy rodzinom brakowało pieniędzy.

Zola, choć skupia się na niepewnych warunkach życia robotników, nie zaniedbuje portretowania trudności, z jakimi
boryka się burżuazja:

- Po śmierci córki Cécile, która zostaje uduszona przez
Bonnemorta (ojca Maheu), Grégoire'owie popadają w roz-
pacz i znika cały urok, jaki niegdyś stanowił dla nich ich
styl życia. Można to uznać za zemstę robotników na swoich
wyzyskiwaczach.

- Monsieur Hennebeau żyje wyłącznie dla swojej pracy, a
jego życie osobiste nie daje mu już żadnej satysfakcji. On i
jego żona zdradzają się od dziesięciu lat, a on zazdrości
robotnikom i temu, jak potrafią kochać bez ograniczeń.

- Z powodu strajku Deneulin musi odsprzedać swoje wyro-
bisko firmie. Choć nadal pełni funkcję konsultanta, traci
cel w życiu i dumę.

GŁÓWNE WĄTKI *"GERMINALU"*

Miłość

Miłość jest jednym z centralnych wątków narracyjnych
powieści. Pojawia się w czterech postaciach:

- **Miłość w małżeństwie**. Jest to przede wszystkim ukazane
poprzez Maheu i jego żonę.

- **Cudzołóstwo**. Jest to praktyka, która jest zwykle potę-
piana, ale którą wszyscy górnicy implicite akceptują
(Levaque, La Pierronne).

- **Przyjemność seksualna**. Przez całą powieść Zola podkreśla
całkowitą wolność, jaką cieszą się robotnicy, polegającą na

tym, że mogą sypiać z kim chcą. Uosobieniem tej postawy jest La Mouquette.

- **Trójkąt miłosny**. Druga po strajku najważniejsza siła napędowa powieści, walka między Étienne'em i Chaval'em o serce Catherine jest wykorzystywana przez Zolę do pokazania, jak daleko ci dwaj bohaterowie są gotowi się posunąć, aby osiągnąć swoje cele.

Przemoc

Przemoc jest przedstawiana zarówno w teorii, jak i w praktyce:

- Do pojęcia przemocy nawiązują zgromadzeni górnicy, mówiąc o swoich nadziejach na strajk ("Puścić to wszystko z dymem", s. 144), a najsilniej przywołują je anarchistyczne przekonania Souverine'a, który opowiada się za totalnym zniszczeniem.

- Przemoc fizyczna (zniszczenia, konfrontacje z policją) i słowna (kłótnie) wynika z niemożności osiągnięcia porozumienia z burżuazją. Jest ona związana ze strajkiem i stanowi główną przyczynę jego niepowodzenia, przy czym szał ustępuje w momencie ostatecznego zakończenia strajku.

Solidarność i przyjaźń

Pomimo swojej nędzy i trudnych warunków, górnicy wykazują ogromną solidarność między sobą. Najbardziej widoczne jest to podczas akcji Ducasse oraz w momencie zawalenia się tuneli, kiedy wszyscy górnicy ryzykują własne życie, aby pomóc zagrożonym kolegom.

Przedstawione są również bardziej intymne formy przyjaźni, takie jak głęboka więź między Étienne'em i Maheu oraz próba Souvarine'a, by uniemożliwić Étienne'owi wejście do szybu kopalnianego, który sabotował.

Śmierć

Śmierć uderza w powieści wielokrotnie, bez rozróżnienia na klasy. Górnicy ponoszą szczególnie duże straty, niektórzy z nich giną w zawałach tuneli lub wybuchach metanu (jak Chaval i Catherine, a także Zacharie, który sam spowodował incydent), inni, jak Maheu, giną w starciach, a jeszcze inni umierają z powodu warunków życia, jak mały Alzire Maheu, który poddaje się głodówce.

Nikt jednak nie pozostaje nietknięty przez śmierć, która w końcu przychodzi do każdego, niezależnie od wieku i klasy społecznej. Gajowy ginie podczas powstania robotników, ale na szczególną uwagę zasługuje śmierć Cécile Grégoire. Zostaje ona zabita bez ostrzeżenia przez Bonnemorta ze względu na jej status członka burżuazji. W tej powieści jest ona jedynym członkiem tej klasy, który umiera, co więcej, ginie z ręki członka klasy robotniczej, pozostawiając swoich rodziców całkowicie zrozpaczonych. Jej śmierć symbolizuje śmierć próżniaczej, beztroskiej burżuazji.

TYTUŁ, KTÓRY GŁOSI NADZIEJĘ

Choć obraz górniczej społeczności, jaki maluje Zola, jest wyjątkowo ponury, nie umniejsza to faktu, że autor zamierzał przekazać ostatecznie pełne nadziei przesłanie, co widać już w tytule. Germinal to nawiązanie do miesiąca wiosny, pory roku, która we francuskim kalendarzu republikańskim tradycyjnie kojarzona jest z odnową.

 ## FRANCUSKI KALENDARZ REPUBLIKAŃSKI

Po rewolucji francuskiej w 1789 roku nowo proklamowana Republika ogłosiła, że zrywa ze wszystkimi symbolami i tradycjami, które zostały przeniesione z czasów ancien régime'u (1515-1789). W związku z tym stworzono nowy kalendarz, w którym każdy miesiąc otrzymał nową nazwę, a tygodnie siedmiodniowe zastąpiono tygodniami dziesięciodniowymi. Na przykład nowe nazwy miesięcy letnich kończyły się na -idor: Messidor, sezon zbiorów, zaczynał się 19 czerwca, a kończył 18 lipca. Kalendarz republikański był używany w latach 1792 – 1806.

Jak podkreśla Zola na końcowych stronach książki, działania Étienne'a zasiały ziarno zmian wśród robotników, które nieprędko zaowocuje. Kiedy pod koniec powieści bohater przybywa do Paryża, wciąż trzyma się swoich socjalistycznych ideałów i wciąż ma nadzieję, że uda mu się pomóc klasie robotniczej. Ci spośród jego byłych współpracowników, którzy nadal pracują w kopalni, mają niezatarte piętno na wydarzeniach, które przeżyli, i w pełni zamierzają zapewnić sobie lepsze warunki życia i pracy. Lepsze życie dla klasy robotniczej leży tuż za horyzontem.

DALSZA REFLEKSJA

KILKA PYTAŃ DO PRZEMYŚLENIA...

- Akcja powieści opiera się na głęboko zakorzenionym konflikcie. Jaka jest natura tego konfliktu? Wyjaśnij swoją odpowiedź.

- Czy postaci Lantiera i Maheu ewoluują na przestrzeni powieści?

- Dlaczego można powiedzieć, że ta powieść jest naprawdę powieścią swojej epoki?

- Wykorzystaj *Germinal* do wyjaśnienia metody naturalistycznej Zoli.

- Co jest siłą napędową tej historii?

- Za jakimi wartościami opowiadają się Lantier i inni robotnicy?

- *Germinal* jest opowieścią o katastrofie. Wyjaśnij to stwierdzenie.

- Twoim zdaniem *Germinal* jest powieścią optymistyczną czy pesymistyczną? Uzasadnij swoją odpowiedź.

- Czy znasz jakieś inne powieści, które skupiają się na klasach robotniczych? Porównaj je z *Germinalem*.

- Celem Zoli jest osiągnięcie lepszego zrozumienia ludzkości. Czego dowiedziałeś się o ludzkości dzięki tej powieści?

DALSZE CZYTANIE

WYDANIE REFERENCYJNE

Zola, É. (1998) *Germinal*. Trans. Collier, P. Oxford: Oxford University Press.

BADANIA REFERENCYJNE

Encyclopaedia Britannica. (Bez daty) *The Communist Manifesto*. [Online]. [Dostęp 30 sierpnia 2017]. Dostępny w: <https://www.britannica.com/topic/The-Communist-Manifesto>.

Nelson, B. (2007) *The Cambridge Companion to Zola*. Cambridge: Cambridge University Press.

Schom, A. (1987) *Emile Zola: A Biography*. London: Queen Anne Press.

ADAPTACJE

Germinal. (1913) [Film]. Albert Capellani. Dir. Francja: Pathé Frères.

Germinal. (1963) [Film]. Yves Allégret. Dir. Francja/Włochy/Węgry: Marceau.

Germinal. (1993) [Film]. Claude Berri. Dir. Francja/Belgia: Renn Productions.

Chcemy usłyszeć od Ciebie, co się dzieje!
Zostaw komentarz na temat swojej internetowej biblioteki
i podziel się swoimi ulubionymi książkami w mediach społecznościowych!

Wydawca zapewnia o wiarygodności publikowanych informacji, co jednak nie może wiązać się z jego odpowiedzialnością.

www.50minutes.com

Master ISBN: 9782808694131
Papierowy ISBN: 9782808615532
Depozyt prawny: D/2023/12603/1833

Verhaal: © Primento

Projekt cyfrowy: Primento, cyfrowy partner wydawców.